나를 나답게 만드는 일

오늘도 시리즈
열번째

나를 나답게 만드는 일

발 행 | 2022-11-29

공동저자 | 김안예 . 딜리 . 온리원 . 아트혜봉 . 꽃자리 . 꽃마리쌤

기획·디자인 | 꽃마리쌤

펴낸이 | 한건희

펴낸곳 | 주식회사 부크크

출판사등록 | 2014.07.15(제2014-16호)

주 소 | 서울 금천구 가산디지털1로 119, A동 305호

전 화 | 1670 - 8316

이메일 | info@bookk.co.kr

ISBN | 979-11-410-0377-7

www.bookk.co.kr

나를 나답게 만드는 일

김안예

딜리

온리원

아트혜봉

꽃자리

꽃마리쌤

'내가 하는 일'이라는 주제로
작가님들의 다양한 이야기를 담았습니다.

당신의 . 이야기가 . 책이 . 됩니다

쓸수록 힘이 나고,
매일매일 행복해지는
한 줄의 기록

당신의 . 기록이 . 책이 . 됩니다

차
례

함께하는 작은 행복

김안예

1
부

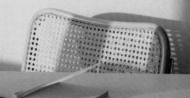

김안예

×

우리는 살아가면서, 더 많은 무언가를 바라고, 욕심을 부린 적도 많다. 하지만, 우리의 삶 속에서 아주 작은 삶의 가치를 느끼게 됨으로써, 작은 소소한 행복을 만끽하고, 누릴 가치를 모든 이들에게 혼자가 아닌 함께하는 작은 행복을 느낄 수 있다는 것을 알려주고 싶었다.

I'm not Alone

어릴 때는 마냥 그림 그리는 것이 좋아서 그것이 나의 첫 그림 작업의 시작이었다. 학창 시절에는 내 삶이 많이 힘들었다. 가정 폭력과 갑작스럽게 부모님이 이혼을 하셨다. 나는 늘 외로움을 잘 타고, 사랑받기 위해서 발버둥 쳤다. 슬픔과 함께했으며, 고통 속에서 발버둥 치며 하루하루를 버티어내고, 살아냈다. 나라는 존재가 이 세상에 필요하고, 사랑받을 자격이 있다는 것을 느끼고 싶었다. 이 세상을 살아내기 위해서, 종이와 여러 가지 미술도구들을 이용해 그림을 다시 그리기 시작했다. 나 자신이 이 험난하고, 무섭고 공포로 가득한 곳에서 벗어나기 위해 그림을 그려냈다. 그 공간은 오로지 나만의 세계. 나에게만 집중할 수 있었다. 그러면, 나 자신이 살아 숨을 쉬고, 살아낼 용기와 자신감을 가질 수 있는 계기가 되었다. "너는 혼자가 아니야."라고 말해주는 것 같았다.

나의 꿈이었고, 이제는 나의 일이 되었다.

사랑한다는 말

"사랑해 사랑해 사랑해..."

사랑한다는 그 말 한마디는 아름다운 모든 것들을 감출 수가 없을 만큼 값진 보석들과 같지 않을까? 사랑한다는 말은 빛이 날 만큼 찬란하게 빛나는 것만 같다. 무엇과도 바꿀 수 없을 만큼 빛나는 것. 찬란하게 빛나는 수많은 무수한 별들만큼 아주 많이 너를 사랑한다고 아낌없이 매일 말해주고 싶다. 나는 지금의 나를 아주 많이 진심으로 사랑한다. 과거의 나도 사랑했지만, 지금의 나 자신이 존재하기까지 과정들 모든 것을 사랑하기에, 나는 지금 존재하는 나 자신을 너무나 좋아한다. 나는 시간이 흐름에 나이를 들어가고 있지만, 그럼에도 불구하고 나는 젊음으로 가득한 여자이다. 나는 나를 아주 많이 사랑한다. 이 세상에 하나뿐인 나 자신이 존재한다는 것 자체만으로 나는 나 자신을 진심으로 소중하고 아낀다.

작은 행복

처음에는 소소하고 작은 일들에서 느낄 수 있는 행복들을 무시하고 살아왔다. 하지만, 몸이 많이 아프고 나서는 조금씩 나 자신에게 더욱더 귀를 기울이는 계기가 되었다. 그때부터였던 것 같다. 소소한 작은 일들 자체만으로도 나를 너무나 행복하게 해준다는 사실을...

걸을 수 있는 다리가 있다는 것에 행복했고, 감사함을 느꼈다. 맛있는 것을 먹을 수 있고, 그 맛을 느낄 수 있다는 것에도 감사함을 느끼며, 행복함을 느꼈다. 아름다운 세상을 바라보고, 내가 느낀 대로 그림으로 표현할 수 있는 모든 작은 것들에도 너무나 소중하고, 감사함을 느끼며, 나에게 주는 작은 행복한 선물들이 모여서 큰 선물들이 되었다는 것도 알게 되었다. 작은 행복들은 나를 행복하게 미소 짓게 해주었고, 나를 조금씩 찬란하게 빛나는 보석이라는 사실도 알게 해주었다.

"넌 찬란하게 빛날 존재야. 넌 반짝거리는 별처럼 멋져!"

함께하는 시간

부모로서 그대와 함께하는 것도 즐겁다. 때론 일상을 뒤로한 채 둘이 데이트를 즐기는 즐거움이 사탕처럼 달콤하다. 그대와 함께하는 시간은 나에게 또 다른 취미생활이다.

어떤 것을 먹을까? 어떤 음식을 만들까? 고민하고, 함께하는 시간의 소중함을 느끼면서, 그대와 함께 느낄 수 있어 너무 감사하다. 함께 달콤한 케이크도 먹고, 주스와 커피도 함께 마셔보고, 온기 가득한 그대 손을 꼬옥 잡고 산책길을 걷는 소소한 작은 행복들은 나에게 또 다른 취미로 다가와 주었다는 것을 그대는 알까? 그대도 나와 같은 마음으로 설렐까? 떨어져 있을 땐 메시지를 주고받는 것조차 동글동글 귀여운 달콤한 사탕의 맛처럼 알콩달콩한 우리의 사랑으로 변해가는 것만 같다. 사랑의 맛은 어쩌면 푸르고 광활한 바다와 몽글몽글한 푹신한 하늘 위에 떠 있는 구름 같고, 하하하 웃으면서 맛볼 수 있는 달콤한 솜사탕의 맛인 것 같다. 그대가 내 옆에 있어 정말 참 다행이다.

그림 그리는 엄마

결혼을 하기 전에는 선생님이였고, 일러스트 작가로 그림 작업도 하고, 공모전에 수상하며, 활동을 했다.

결혼을 하고, 아이 셋을 키우는 엄마가 되면서, 복직하기가 어려웠다. 결혼이라는 현실이 내 마음을 힘들게 했다. 집에서 세 아이를 케어하면서, 집안일을 하고, 그림 작업을 다시 시작했다. 그림 그리는 엄마 작가로 활동을 다시 하니 살아 숨 쉬는 것 같았다. 2020년 코로나 시대가 되면서, 우울해지기도 하고, 길어진 가정 보육은 작업할 시간이 없어지기도 했다. 나 자신을 되찾기 위해 그림작가로서 실력을 쌓고, 이름을 알리려고 노력하며 움직였다. 요즘은 틈틈이 단체 전시회 참여 작가로 참여해서 나의 그림을 전시한다. 그림작가로 활동할 수 있다는 것은 나에게 살아 숨 쉬게 해주는 원동력이자, 나를 움직이게 해주고, 행복함을 느끼게 한다. 엄마지만 꿈을 향해서 다시 도전하는 노력하는 멋진 사람이 되고 싶다. 오늘도 나는 꿈을 향해서 달려간다.

예쁘게 화장하기

예쁘게 옷을 입고, 화장을 하고, 귀걸이 착용하는 것을 좋아했다. 아이 셋 엄마가 되고 나니, 예쁘게 옷을 입거나 화장을 하거나 액세서리를 착용한다는 것 자체가 사치였다.

아기를 안고, 어르고 달래다 보면, 옷은 금방 더러워졌고, 얼굴은 꾀죄죄하게 변하기 일쑤였다. 귀걸이를 하고 있으면, 아기가 만져서 잃어버린 적이 많았다. 엄마가 되고 나니, 많은 것을 잃어버리는 기분이었다. 엄마 품에 안겨있던 나의 아기가 어린이로 자라났고, 걷고, 뛰고, 즐겁게 상상놀이를 하며 놀기 시작했다. 그제야 나는 거울을 보았다. 문득 바라본 나의 모습은 없어졌다. 다른 '나'가 되어 있었다. 그 모습도 새로운 내 인생의 한 부분인 것 같았다. 아이들이 제법 크면서, 이제야 다시 화장을 하고, 옷을 예쁘게 신경 쓰며 입고, 꾸미기 시작했다. 자신감이 생겨나고, 예쁘게 꾸미는 여자이자 엄마로 변해가고 있다. 나는 그렇게 어른이 되어가고 있다.

나의 일상

매일 조용한 시간 새벽에 일어난다. 나에게 집중할 수 있는 시간에 매력을 느꼈다. 4년째 현재 진행형이다.

남편은 피곤하지 않냐고, 걱정을 해주기도 하면서, 이해하지 못했다. 새벽 기상으로 나의 하루가 시작된다. 새벽에 운동을 하고, 음악을 듣고, 책을 읽고, 명상하고, 손 풀기 그림 작업을 한다. 아침 7시엔 육아 전쟁이 시작된다. 아이들을 깨워 아침밥을 챙겨먹이고, 등원 준비를 한다. 아이들을 다 보내면, 프리랜서 그림작가로 변신한다. 그림 작업을 하려고, 바로 작업실 방으로 출근한다. 그라폴리오, 브런치 작가로 글, 그림을 업로드하고, 마플샵 셀러로 굿즈 상품을 업로드하고, 넓은 세상에 살아남기 위해서 N잡러, 그림책 작가가 되려고, 독학으로 다양한 공부를 하고 있다. 나 자신이 뿌듯하고, 대견스럽고, 기특하다. 오늘도 나 자신과의 약속을 지켜냈다. 오늘 하루 또 해냈으니, 내일도 나와의 약속을 지켜낼 것이다.

세상에 하나뿐인 보석

소중한 세 가지의 보석이 나에게 와주어서 모든 것이 예쁘고, 귀엽고, 사랑스럽다. 우리 부부의 아이들 덕분에 이루어진 작은 행복인 것 같아서 모든 것들에 감사하다. 나는 매일 아이들에게 사랑한다고 속삭여주고, 꼭 끌어안아준다. 아이들의 까르르 웃는 소리가 너무 좋다.

그림 작업을 하는 엄마 일을 자랑스러워하는 개구쟁이 삼 남매. 첫째 딸은 "우리 엄마는 동화 그림작가야~!"라고 말한다. 남매 쌍둥이들은 "우리 엄마는 그림 그려!"라고 말한다. 그 말을 들으면, 책임감을 느끼고, 더 분발한다. 2015년부터 아이 특징을 살려서, 가족만의 캐릭터를 그리기 시작했고, 2017년 다섯 식구 완전체가 되어 캐릭터들이 완성되었다. 2021년 캐릭터 저작권 등록을 했다. 20대 때 꿈이었던 것을 지금에서야 천천히 현실로 이루려고 노력하는 중이다. 나의 이야기를 어른 아이 모두 함께 즐길 수 있는 그림책을 만들어 출판해서, 그림책 작가도 될 것이다.

오늘을 선물합니다

딜리

2
부

딜리

×

말과 글의 힘이 얼마나 크고 중요한지를 느
낍니다. 좋은 글을 기억하고 싶어 시작한 필
사를 이제 나의 글과 디자인으로 만들어봅
니다. 당신에게도 선물합니다. 힘이 되는 글
로 오늘이 새로워지면 좋겠습니다.

생각 속에 현실을 만드는 힘이 있다.
나는 좋은 것을 생각하고 끌어당긴다.

I think of good things and attract them.

@DILLY

나의 생각은 힘이 세요.
좋은 것을 그리며
만들어 갈 수 있어요.

두려움이 있기에 용기 낼 수 있다.
나는 용기 있는 사람이다.

I'm a person of courage.

@DILLY

용기는
두려움 뒤에 가려져있는 힘이에요.
지금 용기 낼 수 있어요.

좋은 선물은 종종 문제로 포장되어 있다.
나는 문제 속에서 선물을 얻는다.

I get a present from a problem.

@DILLY

오늘 문제를 마주하더라도 힘내요.
그 문제가
선물이 되어 올 거예요.

꿈을 이루는데 많은 가능성이 필요하지 않다.
단 하나의 가능성이라도 충분하다.

One possibility is enough.

@DILLY

가능성이 있어서 꿈을 꾸는 게 아니라
나를 믿고 사랑하기에
오늘 한 뼘 꿈을 키워요.

위기가 없는 인생은 없어요.
여유를 가지고 마주한다면
해결의 실마리가 보일 거예요.

나는 나의 내면을 바라보고 발견한다.
나는 내가 바라는 것을 안다.

I know what I want.

@DILLY

꿈 키우기는
내가 진짜 바라는 것을 아는 순간
시작돼요.

지금 누리고 있는 것에
감사함으로
행복을 열어가요.

모든 선택은 가치가 있다.
나는 최고의 선택을 한다.

I make the best choice.

@DILLY

나의 선택은
그 순간 최선이에요.
나를 믿어요.

변화의 대상은 나 자신이다.
나는 나를 포기하지 않는다.

I won't give up on myself.

@DILLY

끝까지 나를 키우는 사람은
나예요.
나를 포기하지 말아요.

영감은 찰나의 순간 찾아온다.
나는 내게 찾아온 영감을 기쁘게 잡는다.

I happily catch the inspiration that came to me.

@DILLY

내게 찾아온
가슴 떨리는 그것에
손 내밀어요.

내가 부족한 것이 아니라 처음이라 어려운 것뿐이다.
나는 모든 처음의 어려움을 이겨낸다.

I overcome all the difficulties
in the beginning.

@DILLY

처음은 힘들어요.
그 처음이
다음으로 가는 힘을 줄 거예요.

두려움을 만들어 내는 것도
사라지게 하는 것도 나 자신이다.
나는 두려움을 다루는 힘이 있다.

I have the power to deal with fear.

@DILLY

두려움은 실체가 없어요.
나는 두려움을
마음껏 다룰 수 있어요.

가까운 곳에 기회가 있다.
나는 모든 가능성을 열어둔다.

I leave all possibilities open.

@DILLY

내가 아는 것을
연결할 때
가능성이 만들어져요.

신은 내가 원하는 것이 아닌 그 과정을 준다.
나는 삶의 과정을 통해 성장한다.

I grow through the process of life.

@DILLY

결과가 아닌 과정이 진짜예요.
과정을 통과하며
나는 성장하고 있어요.

TODAY'S
AFFIRMATION

나의 말이 나의 인생을 창조한다.
나는 긍정과 희망을 말한다.

My words create my life.

@DILLY

말은 창조의 힘을 가지고 있어요.
매일
긍정과 희망의 말을 해요.

이해하려는 노력이 사랑의 시작이다.
나는 잘 이해할 수 있다.

I can understand everything well.

@DILLY

잘 이해하고 싶다면
사랑한다는 뜻이에요.
오늘도 사랑해요.

또 하나의 성장

3부

온리원

×

가족과의 추억과 내가 느껴온 감정을 예술
로 표현하고싶어서

내가 좋아하는 사람이
나를 좋아해주는 건
축복이야

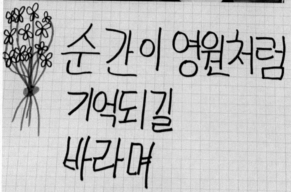

순간이 영원처럼
기억되길
바라며

You're my gift from god

너의
오늘이
가장
아름답길

I need
you

스치면 인연
스며들면 사랑 ♥

You're my
everything

Another day,

Another happiness

Just try everything

당신은 참 좋은
사람입니다
행복하세요 🖤

가장 예쁜 생각을

너에게 주고 싶다

푸른 하늘 처럼 ⌣

시원한 너의 미소

너의 곁엔 항상

내가 있을 거야

그 다음 생에도

그때도 너에게로

당신은
가장 빛나는
보석

누가 그렇게

하염없이 어여뻐도

된답니까

네가

내 하루에

들어와 다행이야

봄날의 창가가 되고 싶어

웃는 너에게 봄을 줄 거야

내 인생에 절대란 없고

내 인생에 끝이란 없어

Ri

나는 도로를 달리고 있어

　　브레이크는 별로 밟고 싶지않아

이 길이 아니면

　　핸들을 꺽으면 돼

Ri

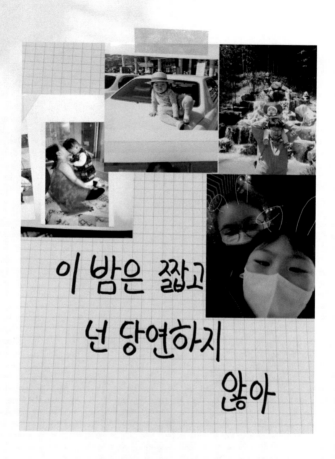

이 밤은 짧고

넌 당연하지

않아

마음 가는 대로 살고
아주 멋대로 살아봐
살아있는 기분이 들걸?

매일 매일 행복하진 않지만

행복한 일은 매일 있어

넌 아주 사랑스러운 사람이고

네 인생은 (사랑)으로 가득

찰거야

아낌없이

사랑해줄게요

과거는 추억이고

현재는 선물이고

미래는 희망이다 ♡

동화책 속에 문장들처럼
동화 속에 살고파

어느날 그대가 내 마음속에 들어왔다

나는 그대로 스며들었다
그대에게

Ri

그대에게 말했주고 싶어요

그대는 나의 날개라고

Ri

나의 아트

아트혜봉

아트혜봉

×

제가 어떤 생각과 개념을 가지고 미술을 가르치고 있는지- 저의 일상을 섞어서 엮어보았습니다. 누구보다 정신없이 살아가는 저를 또 한 번 돌아보고 정리해 볼 수 있었던 즐거운 글쓰기의 시간들이었습니다. 제 글을 읽으면서 마음이 조금 더 여유롭고 부드러워 지시길.. 그 가운데- 알 수 없는 뜨뜻한 힘을 채워가시길.. 기도합니다.

예쁜 그림 - 예쁜 색감

15년 전 청년부 모임을 할 때였다. 나눔의 주제는 "나의 은사"였다. 어떤 애는 노래를 잘해서 찬양으로 섬기고.. 어떤 애는 탁월한 리더십으로 모임을 잘 리드하고.. 또 어떤 애는 잘 설명하고 잘 가르칠 수 있어서 교사로 섬기고 있다고 했다. 그런데 나는.. 아무리 생각해도 딱히 은사라고 말할 수 있는 부분이 없었다. 간사님이랑 눈이 마주치기 싫어서 눈동자를 뱅글뱅글 여기저기 돌리고 있는데.. 물으셨다.

"혜영아~너는??"
"아.. 저는... 아무리 생각해도 은사가 없는데용... ;;;"
"혜영아~ 내가 말해 줄게~ 너는 "미소"가 은사야~"

그날부터 나는 "미소가 은사라고?? 도대체 어떻게-??"라며 나에게 질문하기 시작했다. 그리고 간사님께서 찾아준 "미소"라는 나의 은사를 가지고- 15년째 아이들과 어른들에게 미술쌤으로 살아오고 있다.

나는 항상 말한다.
"그림에서 1번은 컬러=색이야-!! 예쁘게 색칠하자~^^
예쁘고 조화롭게 색을 표현하는 거- 나랑은 그런 시간들을 쌓는 거야"

빛과 그림자 - 밝고 어둡고

사실 내가 제일 많이 하는 일은 "좌절하고 낙심하는 일"이다. 외롭고 고단하다 못해 고통스럽던 나의 결혼생활이 나에게 준 까만선물은 습관적으로 찾아오는 "좌절, 불안, 두려움, 염려, 걱정"이다. 그다음으로 내가 많이 하는 일은 "증오하고 저주하는 일"이다. 여전히 용서되지 않는 사람들.. 그리고 간단명료하게 답을 제공해 주는 똑똑한 사람들이 있다. 나는 아직 어려운데- 이 모든 사람들은 웃으며 여유롭게 살고 있음을 볼때마다 불쑥불쑥 화가 난다.

"하나님.. 풍성한 경제력과 부의 축복은 저에게 주세요. 완벽한 경제적인 독립을 이루고 싶어요. 나는 영혼구원 따윈 관심 없다구요.. ㅜㅜ" 라고 기도할 정도로 나는 그렇게 신실한 딸이 아니다. 그럼에도 내 삶의 우선순위를 꼽아보라 한다면- 1등은 예배다. 그 어떤 무엇으로도 씻겨지지 않는 내 악독한 마음을 나는 컨트롤 할 수가 없었다. 나는 숨을 쉬어야만 했다. 그렇게 세 아이들을 데리고 매 주일- 빠지지 않고 예배자의 삶을 살아왔다. 어느 날.. 다시 미소 짓고 있는 나를 발견했다. 빛이 보이기 시작했다. 잘 자라주고 있는 세 아이들을 보며 조금씩 조금씩 꿈을 꾸기도 했다.

그림에는 빛이 있어야 한다. 나는 항상 아이들에게 반짝반짝 빛나는 빛을 강조한다. 빛과 그림자의 원리를 이해시킨 후- 꼭 빛을 표현하게 한다. 그리고 밝고 어두움이 공존하는 이 세상을 이야기하며- 그림 속에 ~ **밝음과 어두움-빛과 그림자**를 잘 녹여낸 그림이 정말 멋진 그림이라고 가르치고 있다.

내 이야기 - 내 맘대로

마음을 나름 단단히 먹고 다이어트를 위해 돈을 좀 썼다. 혼자서는 할 수 없다며 바로 단톡방에 묶였고- 서로서로의 식단을 보며 응원해 주고 격려해 주는 글들을 눈으로만 보았다. 정확하게 다시 말하면.. 나도 함께 글을 쓰며 소통해야 하는데.. 내가 그들과의 소통에 실패했음을 3일째 되던 날 깨달았다. ㅎㅎㅎ "저는 저만의 방식으로 가야겠습니다.." 하는 마음을 단톡방 리더분이 이미 알아채신 것 같다. (미운털 제대로 박힘 ㅎㅎ)

극사실주의 그림이 있다. 1960년대 후반에 미국에서 생겨났는데- 완전 똑~~같이 그리는 그림이다. 실제 전시된 작품들을 보면- 살아 움직여서 말할 것만 같고, 만져질 것만 같다. 그림을 보는 사람들마다 하나같이- 이렇게 말한다. "와.. 미쳤다.. 이거 어떻게 그렸냐..."

똑같이 안 그려진다면서- 크게 좌절하는 아이들, 또 투덜거리는 아이들이 있다. 적어도 나를 만난 아이들은- 똑같이 그려낼 수 있는 기술을 익히는 것만이 아니라 **나의 스토리를 자기만의 방법과 방식으로 자유롭게 표현**할 수 있는 아이들이었으면 좋겠다.

나는 항상 이렇게 말해준다. "똑같이 왜 그려야 하니.. 그럼 폰으로 찍으면 되지."
최고의 그림은- **"내 맘대로 그리는 그림이다."** ^^

나를 만나기 - 너를 만나기

요즘 우리 아들이 목숨만큼 소중하게 여기는 것이 있다. 바로 "포켓몬 띠부씰" 이다. 그런데 우리 동네는 애들이 많은 신도시라~ 한 번에 3개씩 살수가 없다. 그래서 세 아이들이 순서를 정했다. 큰누나-작은누나-그다음에 나^^ 자기 차례가 왔을 때 하나씩 하나씩 사서 모은 띠부씰이 각자~ 제법 된다. 너무 궁금하다. 띠부씰 모으는 게 그렇게도 좋은가.. ;;; 이런 생각을 하면서도.. 나도 마트만 가면~ "아저씨~ 포켓몬 띠부씰 있어요?? 하고 묻는다. 포켓몬 띠부씰을 손에 쥐었을 때 너무너무 행복해하는 아들을 생각하면서.. ^^;; 아무튼 덩달아 나에게도 요즘 즐거운 소일거리이다.

나는 그림을 그릴 때가 정말 행복하다^^ 잘 그려야 한다는 압박이 있고.. 잘 그리고 싶다는 욕심이 좀 들어가 있어서~ 어깨도 많이 뭉치고 다리도 붓지만.. 그래도 마냥 좋다. 하루 종일 그림만 그리는 날들이 언제나 올까.. 늘 바란다.

엄마랑은 잘 얘기하지 않는데~ 나랑 정말 많은 얘기를 하는 중2 남학생이 있다. 사실 2시간 동안 많은 양의 그림을 그려내진 못한다. 어쩌면 그림 그리는 시간 반~ 수다 떠는 시간 반~ 일지도 모르겠다. 하지만 아들에게 쉼과 여유라는 영양제를 맞을 수 있는 소중한 시간이 됨을~ 어머님은 알고 계시다.

깔깔대는 웃음 소린 아닐지라도~ 은근한 미소들이 오고 가는 귀한 미술 시간을 만들어오고 있다. 그렇게 아이들의 삶과 그림 속에 **따뜻함과 여유**를 알려 주려 하고 있다.

관찰하기 - 꼼꼼하게

교회에서 21일간 "다니엘 기도회'를 인도해 주고 있다. 말로 다 어떻게 설명하나.. 너무너무.. 좋다.. 기도회에 맞춰서 나와 아이들의 스케줄을 모두 조율했다. 크지 않지만 나름.. 결단이란 걸 해보았다. 무엇보다 아이들이 예배를 더욱 즐거워하게 되어서 너무 감사하다.

"Sena-보물1호 Haru-보물2호 Dael-보물3호" 나는 아이들을 이렇게 부른다^^

나를 너무 힘들게도 하고- 또 나를 살리기도 하는- 나의 Sena, Haru, Dael.. ♡ 정확하게 말하면- 나의 모든 삶의 시간표가 세 아이들을 중심으로 세워져 있다. 가끔 독이 차오를 때마다- "과부 같은 삶도 힘든데.. 애가 셋이라니.. ㅠㅠ" 라며.. 당장 눈에 보이는 막막함에 너무 힘들었다. 나의 목소리는 점점 두꺼워졌지만- 아이들을 향한 세심함은 얇아졌다. 그러는 새에 아이들은 훌쩍 자라고 있었다. 늘 함께 있었고- 다 살펴보고 있었고- 다 알고 있었다는 착각 속에 살고 있었음을 깨달았다. 울컥하는 미안함과 용서를 구해야만 하는 부분들이 밀려왔다. 이 전과는 다른 마음과 눈으로 아이들을 바라보기 시작했다. 지금까지 내가 집중하며 괴로워하던 문제들에서 벗어나야 했고- 아이들에게 사랑과 관심을 쏟아야만 했다.

그리고자 하는 것을 매우 꼼꼼히 관찰해야 한다. 집중해서 바라보아야 한다. 내가 지금까지 알고 있었던 사물이나 사람을 꺼내서 대충-감각적으로만 표현할 것이 아니라- 사실적으로 탐구해야 한다. 필요하다면 형태를 재어보기도 해야 한다. "내가 다 아는 거야" 하는 교만함에서 벗어나- 겸손하게 세심하게 살펴보아야 한다.
나는 늘 말한다. **"그리기의 가장 중요한 기초는 관찰이야"**

조형의 요소 – 조형의 원리

Estela가 세종에서 "소영공(소박한 영어 공간)"이라는 곳을 오픈했다. 영어 공부를 할 수도 있고 세미나를 열 수도 있다. 또 정말 소박한 만남을 목적으로 모여~ 교제할 수도 있다. 세종에 볼일이 있어서 내려갔다가~ "검사 검사 사업장 축복도 해줘야지~"하며 들렀던 소영공을.. 지금 거의 일주일에 한 번씩 오고 가고 있다. ㅎㅎㅎ 어쩌다 보니- 벽에 내 그림도 걸었고.. (신나~~^^) 서울에서 천안까지 출퇴하는 남편을 보며- 늘 궁시렁거리던 나였는데.. 난 서울에서 세종을 옆집 놀러 다니듯 하고 있다.

Estela랑 나랑- 커피 중독자라는 공통점이 있지만.. ㅋㅋ 우리가 만나서 커피만 마시는 건 아니다. (ㅎㅎ) 요즘 새로운 일들을 함께 구상하고 있다. 정리되지 않은 아이템들이 머릿속에 가득하다. 이것들을 끄집어내서 잘 정돈하고 결과물로 만들어 내려는 노력을 하고 있다. 어떻게 하면.. 신박하면서도 돈 되는 결과물을 잘 창출해 낼 수 있을까.. 고민하고 있다.

작가들의 그림을 보면- 타고난 감각을 가지고 마냥 잘 그렸다고 생각할지도 모른다. 하지만 가만히 살펴보면- 조형요소와 조형원리라는 질서 속에서- 자유롭고 소신 있게 표현했음을 알게 된다. "**점,선,면,형태,명암,색,질감,공간**"이라는 조형요소를 활용하여 "**율동,비례,균형,대비,대칭,강조,반복,동세,조화**"라는 조형원리를 잘 기억하면서- 내 그림에 대입&적용시켜서 그리는 것이다. 포인트는- 어떻게 재미지고 돋보이게 대입&적용시키느냐 하는 것-!! 이것이 중요하다.

지나가다가 나를 멈추게 하는 그림! 궁금하게 만드는 그림! 마음을 움직이는 그림! 이런 그림이 좋은 그림이다.

NEXT - 넥스트

올해 4월. 성남아트센터에서 전시회를 했던 것처럼- 내년 2023년 4월- 같은 장소에서 전시를 기획하고 있었다. 올해보다 더 잘하고 싶은 욕심은 가득했지만.. 녹록지 않은 상황과 여건이 계속 마음을 어렵게 했다. 지난주였다. 결국엔 전시를 포기했다. 속상한 부분이 군데군데 남아있다. 그래도 더 멋진 다음을 기대하며- 나에게~ "괜찮아~"라고 말해 주었다.

완성해야 할 그림들이 수두룩하다^^;; 예전에는 완성하지 못함에 괴로웠는데- 완성해야 할 그림들이 많다는 것이 이제는 감사하다. 그 모든 것들이 "나의 NEXT-나의 그다음"이 되어 줄 것이라 믿기 때문이다.

지금이 끝이 아니라는 것-!! 나에게 항상 NEXT-그다음.이 있다는 것이.. 너무 감사하다.

그림을 통해- 만나는 아이들/어른들/가족들/사람들..에게 내가 가장 가르쳐 주고 싶은 것은.. 바로 NEXT-그다음.이다. 그들만의 NEXT-그다음.을 찾아가는 모습을 볼 때가 정말 좋다.

그리고 NEXT-그다음.을 품고서.. 오늘-지금 이 순간을 미소 지으며~ 감사하며.. 살아가고 있다. 그렇게 오늘도 예쁜 나를 만들어가고 있다.

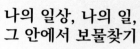

나의 일상, 나의 일,
그 안에서 보물찾기

꽃자리

꽃자리

×

2022년 한 해가 저물어 가는 시간, 나의 일상, 나의 일의 파편 조각들을 맞추어보는 시간을 갖고 싶었다. 그 시간을 통해 내가 좋아하는 일과 소중하게 생각하는 것들이 무엇인지 다시 한번 깨닫는 시간이 되었다. 흩어진 내 시간을 모아 아름다운 삶을 만들어가며 좋은 사람으로 남고 싶다.

– 아빠가 만들어 준 단풍꽃다발

나의 조각 1,
살림! 살림?

난 집안일을 좋아하지 않고 정리 정돈엔 관심 없고 요리에도 관심 없다. 그런 내가 한 집안에 살림해야 하는 아내가 되고 엄마가 되니 매일 물어오는 오늘의 메뉴 때문에 머리가 아프다. 그렇다고 음식 솜씨가 없어서 못 먹을 정도인 건 아니고 후다닥 잘하는 편인데 무얼 먹을까? 에 대해 고민 아닌 고민을 매일 하는 게 스트레스. 우스갯소리로 알약 하나 먹고살았으면 좋겠다는 말이 나온다. 내가 하는 일, 일상의 한 조각 오늘 먹을 밥에 대한 고민!

집안 살림은 정말 하기 싫은데 이 일이 나를 살리는 일이기도 하고 여러 사람을 살리는 일이기도 하니 살림이 정말 누군가를 살림, 으로 다가오는 이 아이러니. 오늘도 난 살림을 한다.

나의 조각 2,
수영

나의 일상의 한 조각에는 수영이 있다. 물에 대한 공포를 극복하고자 시작한 수영, 어떤 날은 정말 가고 싶지 않아서 이유를 찾으며 안 가기도 하고 진도를 못 따라갈 거 같으면 또 마음을 다스리고 수영가방을 챙긴다. 그렇게 초급에서 중급을 거쳐 이제 상급이 되었고 오리발을 착용했다. 그래도 수영이 재미있어서 기다려지는 시간은 아니다. 그런데 한 가지 깨달은 사살은 시간이 흐르니 물에 대한 공포가 점점 사라지더니 나는 물속에서 자유롭게 수영하고 있다는 사실이다. 즐겁지 않아도 참아내는 시간이 헛된 시간이 아니란 걸 느낀다. 아쉬운 점은 내가 수영을 재미있어서 한다면 얼마나 더 좋을까? 그래서 이제 수영을 좋아해 보려고 한다. 좋아서 즐긴다면 더 이상 바랄 것이 없을 테니!

나의 조각 3,
출, 퇴근

내가 1999년에 입사해서 2022년 오늘까지 근무하고 있는 직장. 출, 퇴근을 할 수 있는 직장이 있다는 것이 참 감사하다는 생각이 든다. 8시부터 5시까지 하루의 대부분을 직장에서 보내지만, 그 틈 사이사이 기쁨과 행복이 채워진다. 혼자여서도 좋고 사람들을 만나서도 좋다. 아침에 출근하면 누군가 놓고 간 빵, 김밥, 커피, 지나가던 사람들이 방앗간처럼 들러서 쉬다 가는 쉼터 같은 내 방이어서 좋다. 사랑방처럼 도란도란 사람들 살아가는 이야기를 들을 수 있어서 좋고 칭찬받을 때도 상을 받을 때도 좋다. 내 방의 공간은 모두의 공간이며 모두의 쉼터다. 내게 찾아오는 사람들에게 문을 열고 환대해주고 싶고 이 직장에서 필요한 사람으로 일하고 싶다. 난 이 직장에서 정년을 맞이하는 게 목표다. 올해 모범상을 받았다는 기록을 남긴다. 최나진. 일산백병원 병리과. 1999년 입사 ~ 현재까지 근무 중입니다.

나의 조각 4,
독서

나의 일상의 한 조각, 독서! 책은 또 하나의 휴식 같은 공간이다. 책 속으로 걸어 들어가는 것은 또 다른 세계를 만나는 설렘이다. 2022년을 돌아보니 말랑말랑 동화 읽기, 박완서 소설 22권 완독, 책 사랑과 함께하는 매일 읽기, 행복 백서 그림책 모임. 다양한 책들을 만나고 그 안에서 내 삶의 깊이가 조금은 성숙하여 감을 느낀다. 그 안에서 만나는 나의 추억과 책 모임의 인연으로 깊어가는 사람들과 책 속에서 만나는 이야기는 내 일상의 보물 같은 시간이다. 올해 책 속에서 만난 최고의 문장 "그래서 제가 독서를 좋아하는 거예요"

나의 조각 5,
맥주 한 잔, 과연?

내 일상에서 맥주는 사랑이다. 시원한 맥주를 마셔야 갈증이 해소되는 순간이 있다. 내가 맥주를 마실 때는 꼭 좋은 사람들이 곁에 있다. 사람들과 함께 마시는 맥주 맛은 세상 최고다. 올해 내가 마신 맥주량을 측정하긴 어렵겠으나 사람들이 나에게 자주 하는 말~ 오늘도 목이 열리는구나! 새삼스럽게~ 내 목은 항상 열려있다는 걸 모르는가! ^^

나의 조각 6,
사람들

명리학 공부를 한 교수님이 나는 물 사주라고 했다. 물 같은 사람이 되고 싶다고 생각했었다. 부드럽고 어느 그릇에 담아도 그 모양 그대로 담아내는 물, 그러면서도 물이 화가 나면 세상을 쓸어버릴 만큼 강력한 힘을 가지고 있어 나약하지도 않은 물. 또 한 가지는 내가 인복이 많고 주변에 사람들이 많다는 것인데 그 또한 기분이 정말 좋았다. 다른 복보다 인복만큼 좋은 게 어디 있을까. 삶, 의 줄임말이 사람이라는 글을 읽은 적이 있었는데 그 말에 동감한다. 부모님, 형제들, 남편, 아이, 그리고 친구들과 하루에도 오가며 만나는 수많은 사람. 모든 만남은 필연이다. 그 사람들이 없었다면 지금의 내가 없고, 힘들었던 시간을 관통하기 힘들었으리라. 내 일상을 파고드는 사람들에게 난 좋은 사람이 되고 싶다. 오늘도 난 내 소중한 사람들에게 안부를 묻는다.

나의 조각 7,
산책

내가 좋아하는 나의 일을 꼽자면 산책이다. 〈산책〉이라는 뜻은 '휴식을 취하거나 건강을 위해서 천천히 걷는 일'이라고 해석된다. 이 책에 올린 사진은 점심시간마다 산책하면서 물들어가는 단풍을 찍은 것이다. 일터에서 점심시간마다 시간이 허락하면 밥을 간단히 먹고 산책을 나선다. 산책길에 내가 좋아하는 단풍나무가 있는데 그 안으로 들어가는 순간 다른 세상에 온 황홀함을 맛본다. 그 멋진 세계를 남들은 모른다. 나무 안으로 들어가 고개 들어 나무를 바라볼 때 온전히 느낄 수 있는 찬란한 아름다움! 사람도 그러지 않을까? 그 사람 안으로 들어갔을 때 온전히 그 사람의 아름다움과 만나게 되지 않을까? 나는 산책을 좋아한다. 오늘도 혼자서 조용히 걷는다.

세상에서 가장 큰 나뭇잎
길가다 엄마생각에 주워온 규빈이
세상에서 가장 큰 마음을 가진
아이
세상에서 가장 큰 선물을 받은
엄마
나뭇잎 한장에 담긴 우주
2022.11.10
꽃자리

세상을 좀 더 아름답게

꽃마리쌤

6부

꽃마리쌤

✕

나는 책 속에 마음한 스푼, 디자인 한스푼
담아 책을 만드는 편집디자이너다. 디자인
재능기부로 탄생한 작가님들의 책을 만들
면서 느낀 점들을 정히해보았다.
책 속에는 각자의 이야기가 있고, 눈물이
있고, 위로가 있고 또 웃음이 있었다. 나만
의 이야기가 책이 되는 그 과정이 치유라는
생각을 해본다.

사과꽃 향기

처음 작가님과 인연이 되었던 것은, 블로그 강연 단톡방에서였다. 그녀의 블로그 글들에는 우울증의 흔적들을 보았고, 위로가 되어드리고 싶어 용기를 냈다.

'제가 책을 출판해 드리고 싶은데, 어떠세요?'

그렇게 첫 번째 재능기부 주인공이 탄생한 것이다. 그녀의 지나온 날들이 고스란히 책에 담겨있다. 그리고 휴먼다큐 영상이라고 해야 할까? 나의 유튜브에는 출판 작가들의 영상이 담겨 있다. 그녀의 삶도 담아 영상으로 선물했다. 우리는 서로 울었고, 감동했다. 이렇게 서로를 위로하며 살아가는 것이 우리의 삶이 아닐까 생각해 본다.

그녀의 말처럼 '한 번 왔다가는 인생 조금 양보하고 조금 더 사랑하면서 살다 갔으면 좋겠다' 사과꽃 피는 어느 날 그녀를 만나러 가봐야겠다.

책 소개_사과재배 13년째. 7000평의 과수원을 가능한 태평농법에 가깝게 농사지으려고 노력하는 열정농부 이야기를 담았습니다. 시골이 그리울때, 내가 먹는 농작물이 지어지는 모습을 보고 싶을때 놀러 오십시요. 농장방문은 늘 환영합니다.

『바람이 지나간 자리』 황선임 지음

휴먼 다큐 영상

나만의 빛깔로

"아내로 며느리로 세 아이의 엄마로 각기 다른 빛깔로 살다보니
제 색깔을 잃어버렸습니다. 제 색을 찾고 싶습니다"

자신만의 색을 찾고 싶다는 그 말이 내 마음에 들어왔다.
시를 읽어보면 알게 된다. 그 안에 담겨 있는 수많은 이야기들에는 우리들
의 이야기가 있다는 것을 말이다. 작가의 삶, 사랑, 이별, 행복, 두려움을
지나면서 사는 일이 시가 되는 시집을 안겨줄 수 있어 기쁘다.

책 소개_먼 길 돌아서 이 자리에 섰습니다.
이제야 털어놓자면 시에 대한 목마름의
시간이 참으로 길었습니다. 오랜 소망
이었던 시집을 낼 수 있게 되어서
눈물겹습니다. 곁에서 이야기하는 친구처럼
말벗이 되어주는 책이 되었으면 하는
바람을 담아봅니다.

『바람이 풍경에게』 이미영 지음

작은 것에서
큰 것을 담아내는 여자

"나의 삶에 찾아든 따뜻한 햇살 같은 아이.
아이의 눈을 통해 다시 보게 된 세상을 책에 담고 싶어요.
그리고 나에게 위로 하고 싶어요. 괜찮다고..."

진정한 행복이란 작은 것에 있다는 것을 알게되었다고 했다. 진정한 행복이라는 것이 무엇인지, 작은 것에서 큰 것을 담아내는 여자로 살고 싶다고 했다.

가끔 불안하더라도 불행하지 않는 삶을 꿈꾸는 작가님 이야기. 이 책을 쓰고 난 이후 사업에 실패한 이야기를 고스란히 담은 『소자본창업 네일샵 가이드북』을 출판했다. 실패라고 생각하는 것들은 어쩌면 나의 시선에 따라 성공일수도 있다.

책 소개_꿈꾸었던 사업이 실패로 돌아가고, 빚더미에 앉아 울기만 할 때, 나의 삶에 찾아든 따뜻한 햇살 같은 아이. 아이의 눈을 통해 다시 보게 된 세상. 시원한 바람도, 평범한 일상도 기적이 아닌 것이 없었다. 아침부터 밤까지 자기만 봐달라고 우는 아이의 울음소리도 행복으로 들린다.함께한 세월만큼이나 서로에게 깊게 뿌리내리며, 가족이라는 이름으로 웃으며 살고 싶다.

『지금 이대로 충분한 나에게』 이지영 지음

소박한 희망의
메세지

20살에 힘든 시간들을 보낸 이야기를 읽고, 책으로 출판해 드리자고 생각했다. 그런데 책을 만들기에는 분량이 너무 적어서 고민이 많았다.

책은 만들어 드리고 싶은데, 분량과 내용을 더 늘려달라고 부탁을 했었는데, 2일 만에, 글을 쓰고 다듬어서 보내주었다.

너무 놀라 어떻게 짧은 시간에 이렇게 200페이지 분량을 썼느냐고 물었다. 밤을 꼬박 새우고 간절하게 기도하며 썼다고 했다. 간절함은 기적을 낳는다.

책 소개_희망을 이야기 하고 소망을 이야기하는 소박한 소녀이다. 마음이 따뜻해지고 포근해지는 그런 소소한 이야기들입니다. 지금도 힘들어하고 있을 모든 분들에게 작은 소망이 되고 또 따뜻하게 전해지길 바랍니다. 저의 깊은 인생 이야기가 담긴 소박한 희망의 메세지입니다

『초콜릿 하나 커피 한잔』 전미선 지음

만남

왜? 제목이 '오두막'일까?

무척 궁금해하며 작가가 보내준 글을 읽었는데, 처음 두 분이 만난 곳이 오두막이라는 카페였다. 추억, 이야기, 삶이 담긴 의미 있는 곳이었고, 표지에 어떤 느낌을 담으면 좋을지 고민했다. 연인 사진을 수십 장 뒤지고, 카페 사진도 뒤지고, 아무리 뒤져도 마음에 들지 않았다. 책은 내 마음에 드는 디자인이 되었을 때, 더 애정이 가기에 마음에 들 때까지 디자인한다. 고민한 끝에 마음에 쏙 드는 이미지를 발견했다. 그렇게 설레임 가득한 표지가 완성되었다.

작가님은 출판이 된 이후 나에게 감동의 글을 보내왔다. 출판을 한 이후 지인분들이 연락이 왔고, 아내가 많이 울었다고 했다. 작가님은 받은 감동 잊지 않고, 누군가를 위해 선한 영향력으로 보답하겠다고 했다. 이렇게 선순환이 계속되면 세상은 좀 더 살기 좋아지는 것이다.

책 소개_용접을 하다보면 용접불꽃에
아내의 얼굴이 겹쳐질때가 있습니다.
그럴때마다 느낀것을 글로 적다보니 어느새
긴 글이 되었습니다.

『오두막』 김건중 지음

알콩달콩

엄마와 아이의 다정한 필사한 이야기다. 아이와 같이한 이 시간은 세월이 흘러도 그 순간은 책 속에 고스란히 남는다. 내가 자주 하는 말이 있다. "기억을 믿지 마세요. 기록을 믿으세요!"

디자인 이야기
디자인을 어떻게 잡아야 할지 고민을 많이 했다. 디자인 포맷을 잡고, 글을 붙이기 시작했다. 사실, 사진인 경우 작업하기가 쉽지만, 손으로 그린 그림은 손이 여간 많이 가는 것이 아니다. 표지는 사랑스러운 엄마와 아이를 닮은 귀여운 캐릭터처럼 표현했다.

작가님은 동네 책방에서 아이와 같이 지인분들의 권유로 사인회를 했다며, 사진을 보내오셨다. 같이 감동하는 순간이다.

책 소개_1일 1필사를 아들과 엄마가 100일 동안 작성한 이야기입니다. 어느 날은 아이가 잠이 들어 혼자 필사를 올리기도 하고, 아들이 필사를 한 날은 슬쩍 엄마가 필사를 안 하기도 했지요. 둘이 함께 만든 100일 동안의 추억의 마음 필사를 소개합니다.

『마음 필사』 최나진, 최규빈 지음

웃음

작가님은 웃음 나는 분위기를 연출할 수 있게 도움을 줄 수 있는 책을 만들고 싶다며 원고를 보내왔다.

작가님의 의도와 책 내용과 맞아 떨어지는 느낌적인 느낌으로 표지를 완성했다. 오늘도 나는 빠르게 눈을 굴리며, 손은 바람처럼 왔다 갔다 하며 새벽 시간에 디자인을 마무리했다. 새벽 공기는 언제 마셔도 상쾌하다.

책 소개_웃음을 잃어가는 각박한 사회 속에서 개그를 단순 소비하는 객체가 아닌, 간단한 개그원리만 알면 누구나 할 수 있고, 웃음 나는 분위기를 연출할 수 있게 도움을 줄 수 있는 책을 만들고 싶어 만든 책입니다.

『개그 파헤치기』 조민상 지음

가슴에 핀 꽃

작가님이 이벤트에 댓글을 남겼을 때, 꼭 위로가 필요한 분이라는 생각을 했다. 두 아이의 엄마로 워킹맘으로 살아오면서 마주하게 된 유방암을 만나면서... 매일 블로그에 유방암 일기를 썼고, 그 글들을 모아 책으로 출판하고 싶다고 했다.

그때부터였다. 제목은 '가슴에 핀 꽃'이 어떨까? 마음속에서 계속 맴돌았다.

사실 디자인 작업 다하고, 원고를 프린트해서 집에 두었다. 읽을 마음의 준비가 필요했기 때문이다. 그렇게 마음을 다잡고 글을 읽다가 많이 울었다.
아직은 어린 아이들... 머리 자를 때... 사직서 낼 때... 일상의 잔잔한 행복이 얼마나 큰지... 커피 한 잔이 주는 감동... 그렇게 가슴에 핀 꽃이 탄생했다.
(영상으로 꼭 만나보세요)

책 소개_유방암이 흔하다고들 하기도 하지만, 저에게 올 줄은 몰랐습니다. 여전히 치료 중이긴 하지만, 진단을 받고 치료를 받았던 과정들을 차곡차곡 저의 블로그에 써왔습니다. 블로그 이웃들로부터 응원과 위로도 정말 많이 받았습니다. 그렇게 일기를 쓰듯 담백하게 써온 이야기를 여기에 모았습니다. 저와 비슷한 일을 겪으며 아파하고 있는 누군가가 있다면, 그 아픔을 조금이라도 보듬어 줄 수 있는 이야기가 되었으면 좋겠습니다.

『가슴에 핀 꽃』 김미정 지음

러시아 시크릿

작가님은 2012년 즈음, 〈리얼리티 트랜 서핑〉 책을 처음 만나고, 책 귀퉁이에 떠오른 생각들을 그림으로 표현했다.

그림들을, 키노트로 옮겨 담았고, 쌓인 원고를 가지고 출판을 하기로 결심했지만, 출판이라는 길 처음 가는 길이라 더듬더듬... 곳곳에서 만난 벽들... 출판사에 출판 문의를 했지만 거절. 이 막막함 속에 작은 촛불이라도 그 빛이 비치면 정말 감사하겠다 싶은 마음이 들 때 나를 만났다고 했다.

십 년 가까운 시간 하나의 결과물로 책은 수많은 여정 속에 보석 같은 책이 탄생했다.

책 소개_2012년, 리얼리티 트랜서핑 시리즈를 처음 만나고, 책 귀퉁이에 떠오른 생각들을 그림으로 표현해왔다. 하나둘 쌓인 그림들을 키노트로 옮겨 담았다. 우연히 알게 된 외국의 리얼리티 트랜서핑 공식 그룹에 그림을 올리기 시작했다. 수많은 멤버들의 응원과 지지를 받고 바딤젤란드의 허락을 통해 이 작업물을 공개할 용기를 낸다.

『트랜서핑 다시 읽기』 이음 지음

마니또

현재 초등학교 교사로 근무하고 계시고, 창작 동화를 처음 쓰셨다고 했다. 처음 원고 받아 보고 읽어보는데, 재미있었다. 동화 속에는 아이들 하나하나가 우리 주변에서 보는 아이들이었고, 감정이입과 동시에 감동이 있었다. 작가님과 통화를 하면서 동화 작가이면서 선생님이신 송언 선생님이 떠올랐다. 초등학교 선생님으로 아이들과 나눈 이야기와 순수한 아이들의 이야기들이 책 속에 살아 숨쉬기 때문이다.

계속 출판을 하시길 바라는 마음으로, 부제목에는 '마음이 쑥쑥 자라는 창작 동화 1'로 정했다. 계속 2, 3, 4... 꾸준히 창작동화 출판하시길 바라는 내 마음이 담겨있다.

책 소개_학급에서 마니또를 뽑는 날. 며칠 간 설레며 이 날을 기다려 온 영수.
드디어 마니또 이름이 적힌 종이를 뽑는데...
우리 반에서 제일 인기도 없고 존재감도 없는 왕따인 정우의 이름이 적혀있다.
과연 영수와 정우에게는 어떤 일들이 벌어질까? 또 최고의 마니또는 누가 될까?

『최고의 마니또』 김태은 지음

Are You OK?

이십 대에서 사십... 지금 오십 대.
그 나이에 맞는 힘듦이나 삶의 몫을 묵묵히 살아온 작가님은 말한다.

아무도 물어주지 않는 안부를 내가 나에게 물어야 한다고.
괜찮냐고... 정말 괜찮냐고...

작가님의 시를 읽다 보면, 나에게 계속 묻게 된다.
괜찮아? 정말 괜찮아? 괜찮은척하는 거 아니고?

아팠구나. 힘들었구나. 토닥이며, 나를 꼭 안아주었다.

책 소개_50이라는 삶의 중간 나이에 다가와
서서보니, 산다는 일은 내가 생각한 것보다
만만하지 않았고 내가 계획한 삶의 방향대로
살 아 지 는 경우보다는 생각지 도 않은
방향대로 간 적이 더 많았다.
그럼에도 불구하고 오늘 하루를 인생의
전부인냥 살아가고 있는 모든 이들에게
안부를 묻고 응원을 보낸다.

『내가 나에게 안부를 묻는다』 김미숙 지음

동그라미

작가의 버킷리스트이자
사회 초년생으로 자랑스러운 아들
무엇보다 동그라미 같은
책을 만들고 싶다는 작가님의 마음이 느껴져서
힘을 실어 드리고 싶었다.

책 소개_상식이 통하지 않는 세상에 너무 빡빡하게 살아가고 있는 우리 이런 세상 속에서 낭만, 행복 이라는 것을 찾아가는 삶 너무나 각지고 모난 세상 속에서 따뜻한 글로 그대의 동그라미가 되어주고 싶습니다 저의 짧은 글 들이 그 대 를 안아 주 면 좋겠습니다. 그래서 따뜻한 글로 응원과 위로는 보내고 싶습니다.

『오늘도 위로가 필요한 그대에게』 김현호지음

마음을 그려요

아홉 살. 잘 웃고, 춤도 잘 추고, 그림 그리는 것을 좋아한다.
장래희망은 사회복지사다.
어려운 사람들을 돕고 먹을 게 없으면 먹여주고, 옷 없으면 옷도 갖다 줘서
입혀주고 춤 노래를 불러 할미 할배 장애인들을 돕고 싶다.
율무(고양이)랑 같이 살고 있다.

사랑스러운 아홉 살 꼬마 작가의 그림과 동시가 만나 동시집 출판을 했다.
감정을 표현하는 데는 글쓰기도 있지만, 이렇게 그림으로 마음을 표현할
수도 있다. 시집이나 동시집 제목은 작가가 쓴 내용 중에서 가져왔다.

책 소개_그림 그리기를 통해서 마음을
표현하는 것을 배웠다. 세상을 그림으로
표현하고 마음을 그리다 보니 행복해졌다.
그렇게 하나둘씩 모아둔 그림들을 모아져서
한 권의 책이 되었다. 반짝이는 동시와 같이
마음에 무지개가 피어나는 것을 느낄 수
있다.

『무지개 국수공주』 세아 지음

나를 찾는 여행

먼 훗날 딸에게 선물해 주고픈 마음과 좌충우돌 매일 도전하고 지는 자신에게 힘과 위로가 되는 책을 만들어 드렸다. 작업 시안을 잡고, 사진 배열을 하는데 사진이 모두 예술이다. 다섯 살 딸과 떠나는 동유럽 여행이라니. 멋지다!

글을 읽으며 내가 좋아하는 오소희 작가 생각이 났다. 돌 된 아이를 데리고 세계 여행을 했던 작가님의 따뜻한 글을 무척 좋아하는 1인이다.

그 작가와 참 닮아있다고 생각했다. 글을 읽는 내내 행복하고, 공감하는 글들이 내 마음을 자꾸 흔들었다. 작가님에게 이런 말씀을 드렸더니, 작가는 오소희 작가님이 롤 모델이라고 했다.

아이와 같이 하는 여행이 결코 즐겁지만은 않았으리라 생각된다. 엄마로서의 '나'와 인간의로서의 '나' 좌충우돌하면서 그 안에서 생기는 경험이 서로에게 추억이자 성장이라는 이름으로 다가올 것이라 생각한다. 글 속에 자연스럽고도 솔직한 감정을 잘 녹여냈다. 혼자 큭큭 거리며 웃다가, 마음이 뜨거워지다가, 부럽기도 했다.

책 소개_결혼 후 여자와 엄마의 삶으로 규정되는 것이 싫어 아줌마 공시생으로 모든 것을 불태워 당당히 합격한다. 그러나 이상과 달리 현실은 잔인한 법. 워킹맘으로 정신없이 사는 동안 번아웃 증후군이 찾아오고야 만다. 더 이상 앞으로 갈 수 없는 인생의 위기 한 가운데 진정한 자신을 찾아 5살 딸과 3주 동안 동유럽 4개국을 가기로 결정. 과연 그 여행에서 진정한 자신을 만났을까. 엄마, 여자, 사람으로서 고민과 삶에 대한 고찰이 담긴 여행에세이집.

『나를 찾으러 딸과 잠시 떠나겠습니다』
김한나 지음

ㅁ이 ㅇ으로

표지 제목을 무엇으로 할지 생각하며 디자인 작업을 한다.

작가님이 쓰신 시 제목에서 뽑아내고 솎아내고 해서 추천해 드렸다. 글을 보다 보면 '이거다!'싶은 게 있는데. 이번에도 이 제목이 딱 눈에 들어왔다. '사람이 둥글어지면 사랑이 된다' 이것으로 선택을 안 하시면 설득을 해야 겠다고 생각했다. 이심전심. 작가님도 이 제목으로 최종 선택하셔서 이것으로 선정! 미음(ㅁ)이 이응(ㅇ)으로 = 사람이 사랑으로, 그래서 사람이 둥글어지면 사랑이 된다. 아무리 생각해도 멋진 표현이다!

작가님의 어머님이 이 영상을 보시고 많이 우셨다고 했다. 같이 울었고, 마음이 뜨거워지는 순간이다.

책 소개_그 대화가 마음에 걸려요. 그 사람이 마음에 남아요. 그 상황이 넘어가지지가 않아요. 어떻게 해야 할까? 고민고민 하다가 나온 글들입니다. 이 글을 통해 "아, 나만의 고민이 아니구나!" "이렇게도 풀리는구나!" "요래도 되는구나!" 하며 소통하고 공감하며 위로되길 바라는 마음으로 이 글을 여러분과 나눕니다.

『사람이 둥글어지면 사랑이 된다』 강병희 지음

청춘

중학교 3학년에서 고등학생이 되는 작가의 책이다. 나는 고1 때 생각하면 친구들이랑 떡볶이 먹으러 다니기 정신없었는데, 이런 글을 쓰고 생각을 한다는 것이 대단하다고 생각했다.

중학교 1학년 때부터 우울증이 시작되었다던 작가는 그 시간들을 눈물로 보낸 것이 아니라 글을 쓰면서 마음을 다독다독했다. 글을 쓴다는 것은 모든 감정들을 받아들임의 과정이 아닐까 생각한다.

혹시 우울하거나 힘든 시간을 보내고 있는 청소년이 있다면, 글을 써보면 좋겠다. 어떤 글이든 기록은 이렇듯 멋진 결과물이 되기도 하고, 가장 중요한 것은 자신에게 위로가 되어준다는 것이다.

고등학생이 된 작가는 출판을 계속하는 열정 학생이다.

책 소개_나의 감정들이 고스란히 남아있는 나만 모르고 있었던 내 마음속의 이야기들. 저의 감정들을 잊어보려 글을 썼는데 저의 감정들이 너무나도 선명하게 남아버렸습니다. 양귀비의 꽃말은 위로, 위안이라고 들었습니다. 사실 표지가 붉은 양귀비인 이유에는 아무 의도가 없었습니다. 하지만, 이 책이 위로가 필요한 당신에게 빛 한 송이 같은 존재가 되었으면 좋겠습니다.

『향기 잃은 청춘』 박현정 지음

담담한 삶

작가는 별스럽지 않은 삶 얘기라고 하지만, 별스럽고 놀라운 이야기들의 연속이다. 이렇게 담담할 수 있을까 한참을 생각했다. 모두 이해할 수는 없지만, 이제는 조금 이해할 수 있을듯하다.

본문은 290페이지. 지난 시간을 정리하듯이 사진을 정리하고 글을 정리하다 보니 페이지도 많아진 거겠지. 무엇보다 사진을 전공하셔서 사진이 모두 예술이다. 몽골에서 자연과 함께한 사진은 또 어떻고... 작업이 쉽지만은 않았지만, 그만큼 뿌듯하고, 가치 있는 일을 했다는 생각에 마음이 벅차올랐다.

작가님은 출판 이후, 동네 책방에서 북 콘서트도 하셨고, 지금은 서점에서 강연까지 하게 되었다. 날개를 달고 훨훨 높이 날아오르길 바란다.

책 소개_갱년기를 맞는 아줌마의 별스럽지 않은 삶 얘기. 인생 바닥을 쳐도 여행하듯 담담히 삶을 응시하고 살면 그만. 살아온 대로 느끼는 대로. 게으르지만 가끔은 존재감도 내 보고 싶은 '보통 아줌마'의 인생 넋두리.

『별일 없이 사는 아줌마의 사생활』 최강윤정 지음

위로란,

따뜻한 말이나 행동으로 괴로움을 덜어 주거나 슬픔을 달래 줌.
힘들어하는 사람들을 지켜보는 일은 힘든 일이다.

'열심히 살아왔잖아. 힘내!'라는 말은 고마웠지만, 힘이 되지 못했다.
'더 좋은 날들이 올 거야' 같은 말은 기운만 뺐다.
'힘내' '괜찮아' '잘 될 거야' 같은 말은 무력하다.

위로는 거창하지 않았다. 등을 토닥이는 손길, 묵묵히 이야기를 들어주는
눈빛도 힘이 된다. 내게도 잊을 수 없는 위로가 있다.
지난 1년 동안 우울증과 받아들이기 힘든 상황들 속에서 나의 이야기를
듣고 같이 울어준 이들도 있었고, 오늘 밥 먹었어? 꽃 보니까 네 생각나더
라 툭 보내준 사진 한 장, 커피 한 잔, 그 작은 것 하나하나가 나에게는 위
로였다. 타인의 온기가 절실했던 밤, 나의 메아리 같은 글들에 댓글을 달
아준 이의 따뜻함과 여기저기 강의와 상담을 다니며 건네받은 희망 같은
말들도 가슴에 남아 있다. 그 위로의 온기가 남아 누군가에게 나도 위로를
전할 수 있게 되었다. 이렇게 나는 위로를 전하는 일을 하고 세상을 좀 더
아름답게 하는 일들을 이어갈 수 있게 된 것이다.

오늘은 누구보다 소중한
자기 자신을 위로하고 사랑해 주면 어떨까?
그 시간들이 세상을 살아가는 힘이 될 테니까.

<**책만들기파워업 9기**>

내가 하는 일이라는 주제로 함께 할 수 있어서 감사합니다.

김안예

딜리

온리원

아트혜봉

꽃자리

꽃마리쌤